J. CAUSSADE

MON VOYAGE

En Suisse et en Italie

DÉDIÉ A MA MÈRE.

PARIS

—

1865

J. CAUSSADE

—

MON VOYAGE

En Suisse et en Italie

DÉDIÉ A MA MÈRE.

PARIS

—

1865

MON VOYAGE

EN SUISSE & EN ITALIE

Je suis parti de Paris avec ma mère et mon père, le 7 août 1865, pour me rendre directement à Bâle (Suisse), où nous sommes arrivés le 8 à dix heures du matin. Nous sommes descendus à l'hôtel des Trois-Rois, magnifique établissement situé sur les bords du Rhin, remarquable par son confortable et sa superbe vue qui s'étend à plusieurs kilomètres au-delà du Rhin ; il y a à Bâle une cathédrale remarquable, construite vers l'an 1200 ; un muséum d'une grande richesse en tableaux de l'école flamande ; la ville de Bâle par elle-même est riche et industrielle. — Nous quittons cette ville le 10 août pour nous diriger sur Zurich où nous arrivons le soir à sept heures à l'hôtel de la Couronne. Nous ne nous y arrêtons que quelques heures, le lendemain 11 nous prenons une voiture qui nous conduit au pélerinage d'Einsiedehn, nous nous arrêtons à l'hôtel du Paon pour déjeuner, nous remontons en voiture pour nous diriger à Goldau où nous prenons des chevaux avec guides, pour faire l'ascension du Righi « montagne élevée à 1,800 mètres au-dessus du niveau de la mer, » la vue embrasse un des plus magnifiques panoramas de la Suisse.

Au milieu de notre ascension nous recevons une averse qui nous mouille jusqu'aux os.

Obligés de descendre de cheval et de nous réfugier en compagnie d'une famille anglaise qui avait eu le même sort que nous, dans une auberge, espèce de cahutte qui porte le nom « d'auberge de l'Hermitage. » Le maître de la maison, un gros homme à la figure rubiconde riant à en perdre haleine, de nous voir tous trempés comme une soupe et grelottant de froid, se mit en quatre pour nous loger tant bien que mal, dans une affreuse mansarde, de manière à ce que nous puissions nous sécher. Après trois quarts d'heure de repos et une affreuse tasse de café prise à la hâte nous remontâmes à cheval et continuâmes notre excursion jusqu'au sommet du Righi Kulm ou nous arrivâmes à quatre heures du soir, après être partis de Goldau à onze heures du matin. Nous descendîmes à l'hôtel du Righi où se trouvaient déjà depuis la veille une vingtaine d'anglais.

Nous avions une faim de loup. Aussi, juste le temps de mettre un peu d'ordre à notre toilette et de nous diriger à la table d'hôte. On nous servit un bien maigre dîner se composant de poissons et d'un morceau de chevreuil et pour dessert une tasse de thé au lait, mais nous avions un si grand appétit que nôtre dîner nous parût succulent. Après une petite promenade d'une demi-heure aux alentours de l'hôtel, nous montâmes nous coucher dans une petite chambre juste de quoi se retourner. Aussi au lieu dé nous mettre au lit nous fîmes faire un bon feu et assis sur de mauvaises chaises de paille, nous attendîmes le jour avec impatience pour jouir de l'effet du lever du soleil. Je gage, qu'au monde il n'y à rien d'aussi merveilleux que l'aurore aperçue à une hauteur de 1,900 mètres.

Nous sommes au 12 août, huit heures du matin. Après un déjeuner composé de café au lait avec beurre, nous partîmes pour Kusnack petit village situé aux pieds du Righi, nous opérâmes la descente de la façon suivante : ma Mère, un peu fatiguée se fit porter sur une chaise conduite par deux guides, mon père et moi nous suivîmes à pied et après une descente des plus curieuses nous arrivâmes à onze heures du matin. à Kusnack, pour, après quelques minutes de repos, prendre le bateau à vapeur jusqu'à Lucerne. Nous logeâmes à l'hôtel d'Angleterre. — Lucerne, chef-lieu du canton de ce nom, est une jolie et agréable ville, située au bord du lac des Quatre-Cantons dans une des contrées les plus pittoresques. On remarque à quelques pas du lac le fameux Lion de Lucerne, sculpté dans une paroi du rocher, d'après un modèle de Thorwaldeen ; l'arsenal y est remarquable par ses armes et armures du moyen âge et passe pour un des plus conséquents de la Suisse.

Le 13, nous prîmes le bateau pour Fluelen, petit village situé à l'extrémité Sud du lac des Quatre-Cantons, nous entrons à l'hôtel de la Croix pour déjeuner et poussons ensuite jusqu'à Amsteg, situé sur le lac. Nous nous arrêtons à l'hôtel du Cerf où nous arrivons à six heures du soir, un peu fatigués, nous nous faisons servir à dîner et nous gagnons notre chambre afin de nous reposer jusqu'au lendemain 14. Nous passons cette dernière journée à faire des excursions aux environs.

Nous nous engageons dans la gorge de Schollenen, située au pied d'un rocher à pic, nous franchissons le Pont-du-Diable et traversons la galerie dite le Trou d'Uri, creusée en 1707, cette galerie très remarquable, débouche dans la vallée de l'Usern à Andermatt. Nous sommes à l'entrée de la vallée du Saint-Gothard. Nous prenons une voiture pour Airolo, le premier village du Tessin, nous descendons à l'hôtel de la Poste. « Pour arriver dans cette dernière ville, il faut traverser les fameux rochers escarpés du Mont-Piottino. »

Nous passons à Faido, remarquable par sa magnifique cascade, là nous changeons de chevaux, et après une légère collation, nous arrivons à Bellinzona où nous restons jusqu'au 16. Cette jolie petite ville sert d'entrepôt des marchandises entre l'Allemagne et l'Italie et est frontière d'Italie. Nous continuons notre route et après un trajet de deux heures nous arrivons à Magadino, port septentrional du lac Majeur. Nous prenons le bateau à vapeur pour Baveno, à quelques lieux se trouve la magnifique villa de la princesse Mathilde au lieu dit la Stresa Belgirali. Le 18, nous prenons le bateau de Baveno « sur le lac Majeur » pour Varesi où nous dinons, puis nous gagnons Lugano par la magnifique route qui passe par Saccom, Stabis, Mendrigo, Capolago et Maroggio. A Lugano, nous sommes à l'hôtel du Parc ; c'est une magnifique ville dans une situation pittoresque au bord d'un des golfes du lac Lugano ; il y a de remarquable, l'église Santa Maria degli Angeli attenante à l'hôtel du Parc ; fresques admirables et très bien conservées. Parmi ces fresques, il y en a deux de remarquables, elles sont de Lucini, elles représentent une Cène et une Madone.

Le 19 au matin, nous partons en bateau à vapeur pour Portezza, puis de ce dernier village nous gagnons en voiture Menaggio, et là nous prenons une barque à deux rameurs pour nous conduire à Bellagio, sur le bord du lac, non loin de là est la magnifique villa Serbelloni, on y jouit d'une admirable vue sur les trois branches du lac. Le 20, nous visitons la superbe villa Sommarivo contenant des objets d'art remarquables et réunis par le comte Sommarivo, des statues de Canova, « l'Amour et Psyché. » Dans la chapelle du Palais est le mausolée en marbre du comte Sommarivo, par Pompéo Marchesi. Le 22, nous faisons une promenade en bateau à droite et à gauche du lac, une quantité de maisons de plaisance, des promenades pittoresques et une animation extraordinaire, surtout en automne, par les riches propriétaires qui habitent tous ces coteaux.

Après déjeûner, nous prenons le bateau à vapeur pour Como où nous arrivons au bout de deux heures de traversée. Nous ne faisons qu'une petite halte à Como qui est une jolie petite ville commerçante et industrielle, elle a un port, et est située à l'extrémité sud du lac, auquel elle a donné son nom. Après une collation à l'hôtel d'Italia, nous prenons le chemin de fer pour Milan où nous arrivons sur les six heures du soir. Nous sommes descendus à l'hôtel de la Ville, magnifique et grand hôtel situé sur le Corso, et où l'on trouve tout le confortable d'une maison de premier ordre. Le lendemain 23, nous prenons une voiture et nous visitons les édifices les plus remarquables, tels que la cathédrale, qui est en marbre, et la seule qui existe peut-être au monde. Sa hauteur est de 120 mètres, on y compte plus de 2000 statues d'anges et de saints, s'élevant vers le ciel du sommet des aiguilles en marbre qui les supportent. On en compte près de 700 dans l'intérieur.

Du haut de la pyramide on a une vue panoramique des plus étendue sur les riches plaines de Milan, et sur la chaîne des Hautes-Alpes.

D'autres églises sont encore très remarquables, telles que San-Carlo, San-Ambrogio, la Santa-Maria della Passione, etc., etc. — Nous avons vu ensuite, le grand théâtre de la Scala, le plus grand de Milan et de toute l'Italie, pouvant contenir 5,000 spectateurs. Milan, renferme également un grand nombre de palais. Parmi les plus remarquables, nous avons le palais de la Cour, où l'on remarque le vaste salon des Cariatides, exécutées par Calano de Parme; le palais de la Villa Reale près du jardin public, le palais Brera dit : « palais des Sciences et des Arts » où se trouve une bibliothèque de 200,000 volumes. En un mot, la ville de Milan est une magnifique ville de 200,000 habitants, située au milieu d'une plaine fertile et est le centre d'un commerce actif. Cette ville ressemble beaucoup à Paris, et cette capitale de la Lombardie, deviendra sans aucun doute, un jour une ville de luxe et de plaisir, où afflueront les étrangers. J'oubliai de signaler la place d'Armes au N.-O. de la ville; cette place est une des plus vastes de l'Italie, elle compte « 650 mètres sur 612 », cet espace très vaste sert d'évolutions militaires.

Le 24, nous sommes partis par le chemin de fer pour Venise, trajet qui s'est effectué en neuf heures ; nous arrivons à Poschiera à une heure de l'après-midi, petite ville située à moitié chemin de Venise « 150 kilom. », nous avons un arrêt de trois quarts d'heure, nous en profitons pour déjeuner. Nous remontons en wagon et nous continuons notre voyage directement jusqu'à Venise, où nous arrivons à sept heures du soir, après avoir traversé la plus importante ligne de la Lombardie et les magnifiques villes de Vérone, Vicence et Padoue, que nous n'avons malheureusement pas eu le temps de visiter. Nous arrivons à Venise par un magnifique pont d'une longueur de 300 mètres et d'une largeur de 10 mètres, sur 3 mètres de hauteur, le train met 8 minutes à le traverser, le chemin de fer y aboutit à l'extrémité ouest du grand canal. Nous descendons de wagon, une nuée de gondoliers se jettent sur nous et se disputent, à qui nous aura, enfin, après quelques minutes d'attente, nous avisons une gondole conduite par deux gondoliers, très aimables qui nous amènent à l'hôtel de l'Europe « ancien palais Gustiniani » à l'entrée du Grand Canal, vis-à-vis la douane et la superbe place Saint-Marc.

Topographie de Venise. — Venise est située dans les lagunes de la mer Adriatique, sortes de lacs épanchés sur un rivage plat, présentant peu de profondeur quand la marée est haute, et lorsqu'elle est basse, découvrant une quantité de bancs de sable ; c'est entre ces bancs de sable que s'étendent les canaux qui servent à la navigation.

Venise est formée d'un groupe de 70 à 80 îles, reliées les unes aux autres par 450 ponts. Elle est divisée en deux parties inégales, par le Grand Canal qui a une longueur de plus de 3,000 mètres; trois ponts le traversent: 1° Le pont de pierre du Rialto, qui est bordé de boutiques et de marchands de toutes espèces; 2° Le pont de fer situé vis-à-vis de l'Académie des Beaux-Arts; 3° un autre pont de fer situé vis-à-vis du débarcadère du chemin de fer. — Toutes les maisons sont bâties sur pilotis, les façades principales sont tournées vers les canaux qui sont les fiacres de cette ville singulière. L'aspect de Venise est magique; elle est aujourd'hui une ville à part entre toutes les villes, la plus étrange du monde, peut-être. Elle ne connaît ni le bruit, ni la poussière. Venise m'a paru une ville de recueillement et de silence, faite exprès pour l'écrivain et le poète, leur offrant l'inspiration des grands souvenirs d'un passé plein de fêtes, de courtisanes, de licence et de drames sombres et le délassement vivifiant des promenades sur mer.

Byron y avait écrit ses plus beaux poëmes. A Venise, le pied de ses maisons est dans la mer, ses rues sont des canaux, ses voitures sont des gondoles, charmant petit bâtiment, long et étroit, où est posé au milieu une espèce de caisse recouverte de drap noir qui se place et s'enlève à volonté suivant le temps qu'il fait ou l'incognito qu'on désire, il y a place pour deux dans le fond et pour deux autres sur une banquette. Tout cela est ouvert de trois côtés et se ferme quand on veut, soit par des glaces, soit par des persiennes. Deux hommes, l'un à l'avant, l'autre à l'arrière, vous conduisent sans vous voir; ils se tiennent debout sur le pont, manœuvrant et poussant l'aviron, au moyen de leurs mouvements bien ensemble, on glisse insensiblement et avec rapidité sur l'eau.

Nos excursions dans Venise. — Notre première promenade fut pour la place Saint-Marc, la plus grande de la ville, entourée sur trois côtés de belles constructions particulières et d'arcades; cette merveilleuse; place est le rendez-vous des habitants de la ville et des étrangers, qui se réunissent le soir pour converser, lire les journaux et se distraire en prenant des glaces.

Dans la belle saison on y exécute un concert le soir de sept heures à neuf heures, et dont les exécutants sont des soldats autrichiens. Sous les arcades, sont dans la journée le lieu de réunion des gens d'affaires, mais c'est surtout vers le soir, que ce point de Venise se peuple, s'anime et devient le théâtre des plaisirs de la ville entière. « Notre appartement à l'hôtel de l'Europe, donnait sur les lagunes, et une fenêtre, celle de la chambre à coucher, avait jour sur une de ces étroites impasses assez malpropres, si communes à Venise ».

Nous avons parcouru, le quai de Esclavons; la Piazzetta. Le palais ducal « ancien palais des doges », est un édifice d'un aspect grandiose et original, qui saisit et laisse une impression ineffaçable » ; la prison des Plombs, restée célèbre par l'internement du fameux Sylvio Pellico. — Nous faisions chaque matin des excursions sur mer; un jour, nous allâmes à l'île des Arméniens, nous visitâmes le couvent et sa célèbre bibliothèque.

Je fus frappé de l'aisance avec laquelle un jeune religieux, à peu près de ma taille, portait sa robe de bure à larges plis, nouée à la ceinture par une corde. Ces savants religieux traduisent et impriment de bons ouvrages en Arménien. La bibliothèque contient des manuscrits précieux par leur antiquité. — Nous visitâmes également Murano, île située à deux kilomètres de Venise, où se trouvent les célèbres fabriques de glaces et de cristaux. — Nous prîmes des bains au Lido, longue digue de sable qui protège Venise de l'Adriatique. Le Lido sert également pour les fêtes populaires. Rien de beau comme le rivage méridional du Lido ; l'étendue des vagues bleues de l'Adriatique se déroulait devant nous. Nous aspirions de toute la force de nos poumons l'air vivifiant qui soufflait du large. Nous descendîmes à terre, et fîmes le tour de ces rives sablonneuses. Nous remontâmes en gondole pour regagner Venise, où nous arrivâmes dans la nuit. A la lueur vacillante des lanternes de ses gondoles, Venise, noire et silencieuse flottait devant nous. On eût dit un immense cercueil éclairé par des cierges. — J'oubliais aussi le fameux lion ailé de Saint-Marc, monté sur une magnifique colonne de granit, et qui est placé là comme protecteur de Venise. — Le Conseil des Dix faisait accrocher par les pieds, à cette colonne, les cadavres des criminels d'Etat. — Le clocher de Saint-Marc, remarquable par sa construction ancienne qui date du X⁰ siècle. Ce Campanile qui domine tous les édifices de Venise a près de 100 mètres de hauteur. On a d'en haut la plus admirable vue sur les Alpes, Venise, les lagunes et l'Adriatique.

Comme église particulière, nous visitâmes la basilique

de Saint-Marc « architecture byzantine » enrichie des
lus beaux marbres orientaux, de sculptures, de bronzes,
de dorures et de mosaïques. Malgré toutes ses richesses,
elle a un caractère austère et éminemment religieux ;
la basilique de Saint-Marc est l'église métropolitaine. Sa
longueur est de 70 mètres ; sa largeur, à la façade, est
de 50 mètres.

Après 6 jours passés à Venise, nous nous décidâmes
à partir et à continuer notre voyage sur Padoue, mais
avant de quitter l'hôtel de l'Europe, nous assistâmes, de
notre balcon, qui donnait sur le grand canal, à une magnifique sérénade donnée par une douzaine de gondoliers, à tous les étrangers qui habitaient l'hôtel ; c'était
vraiment superbe, d'entendre la jolie voix de ces hommes
du peuple, au milieu de cette mer silencieuse, et de
toutes ces gondoles qui entouraient celle des chanteurs.
Après deux heures de chansons des plus originales, ces
braves gens quittèrent le grand canal, après avoir fait
une quête des plus fructueuses.

Le lendemain, 28 août, nous quittâmes Venise par le
chemin de fer, pour nous rendre à Padoue, après un petit
trajet de une heure et demie.

Padoue est une jolie petite ville et une des plus anciennes de l'Italie. Nous descendîmes à l'hôtel Stella-
d'Oro, petit hôtel sans importance, situé au centre de la
ville. — Cette ville est assise au milieu d'une plaine
belle et fertile. Les rues par exemple sont mal alignées
et mal pavées, un grand nombre sont bordées d'arcades.
Après une journée passée à Padoue, nous partîmes le 29
par la diligence pour Ferrare, trajet qui s'est effectué en

neuf heures. Nous avons dîné à notre arrivée à l'hôtel d'Ell' Europa, vis-à-vis la poste.

Topographie. — Ferrare est située dans une plaine marécageuse, près d'un des bras du Pô; elle n'a aucune fortification, et est défendue simplement par une très ancienne citadelle, bâtie au commencement du XVIII° siècle. — Ferrare est une vieille ville, triste, déserte, abandonnée, mais conservant malgré son abandon, une sorte de magnificence de Cour. Elle a de grandes rues larges et droites, et possède l'ancien château des grands ducs. Nous n'avons pu visiter que la cathédrale, magnifique édifice gothique contenant dans l'intérieur de très belles peintures : Saint-Pierre et Saint-Paul ; une Madone sur le trône avec des saints ᵕ ouvrage très remarquable ; Le Jugement dernier; peinture dont on a fait un grand éloge. L'on voit également le tombeau du pape Urbain III.

Ne pouvant rester qu'une journée à Ferrare; nous partîmes le lendemain 30 août, par le chemin de fer, pour Bologne, qui se trouve à 50 kilomètres ; le chemin de fer met une heure et demie. — Bologne était la seconde capitale des États de l'Église.

Topographie. — Elle est située dans une plaine fertile et entourée de murs de briques qui servent de fortifications, et ont une heure et demie de circuit. Vous entrez dans la ville par douze portes ; la ville a un aspect triste, le plus grand nombre des rues sont bordées des deux côtés de portiques irréguliers, très utiles pour les piétons, mais qui défigurent beaucoup la ville et attristent comme je l'ai dit, son aspect.

A notre arrivée, nous sommes descendus au grand hôtel Brun, magnifique établissement très confortable. Ne pouvant rester que quelques heures à Bologne, nous n'avons pu visiter que la magnifique basilique de San-Petronio, la plus grande de la ville. Elle a 350 pieds de longueur, y compris le chœur, et 140 de largeur, y compris les chapelles. Comme peintures, on remarque une Madone avec des saints (de Perugin), un magnifique Crucifix qui date de 1400 (œuvre de F. Francia), une Adoration des Mages, attribuée par Vasari à Buffalmacco, XVᵉ siècle.

Le musée de Bologne, où l'on remarque la Vierge et l'Enfant-Jésus, de Guido Aspertini; la Vierge présentant son fils à Sainte-Françoise Romaine, de Aug. Carrache, et un nombre considérable de peintures remarquables de Carrache, de Guerchin, d'Albane, de Raphaël le Dominiquin, etc.

Nous avons également vu les deux tours penchées, carrées et construites en briques, deux monuments curieux donnant une physionomie toute particulière à Bologne. La première est la tour Asinelli, bâtie par la famille Asinelli; sa hauteur est de 256 pieds de Bologne, « le pied de Bologne est de 0ᵐ38 ». Elle a 3 pieds 1/2 hors de la perpendiculaire; un escalier de 450 marches conduit au sommet. La deuxième tour est la tour Garisenda, bâtie par les frères Garisenda. Elle a 130 pieds de haut; son inclinaison était de 8 pieds à l'est et 3 au sud.

Le 31 nous prîmes le chemin de fer pour Florence. Nous nous arrêtâmes pour dîner à Vergato, petite ville à 40 kilomètres de Bologne. Nous remontâmes en wagon pour continuer notre voyage jusqu'à Florence, capitale de la Toscane, située dans une plaine au pied des Appenins. A notre arrivée, nous sommes descendus à l'hôtel de l'Europe, situé dans la plus jolie rue de la ville, près de la place Santa-Trinita.

L'aspect de Florence, par sa situation et le relief élégant de ses monuments, justifie déjà de loin le renom de beauté que lui ont attiré ses édifices et ses trésors artistiques. Mais, dès qu'on entre dans la ville, on est frappé de l'aspect insolite que présentent ses anciens palais aux constructions massives, simples, sévères, sans portique, sans colonnades, et dont les noires façades ressemblent à des murs de citadelles qui donnent à cette ville une physionomie toute caractéristique.

Topographie.— Florence est divisée en deux parties inégales par l'Arno. La ville ancienne et la ville moderne ; sur la gauche de l'Arno se trouvent les quais prolongés jusqu'aux Cascines. Il y a 9 portes: celles qui sont anciennes sont d'un dessin caractéristique, composées d'une tour où est creusée une grande arcade circulaire. Nous avons vu le fameux pont Vecchio, le plus grand de Florence, il est garni entièrement de maisons et d'ate liers d'orfèvres. Au-dessous de ce pont est une galerie servant de communication entre le palais Pitti, les Uffizi et le palais Vecchio.

Les rues de Florence sont bien pavées en dalles de calcaire provenant des montagnes au sud de Florence.

Nous avons visité la belle place della Signoria, la plus

grande de la ville. Elle est, à Florence, ce que la place Saint-Marc est à Venise. Nous avons vu, comme monument remarquable, le Campanile (de Giotto). Ce beau clocher, en style gothique italien, fût commencé par Giotto en 1334 et achevé, sur ses dessins, par Taddeo Gaddi. Il a 90 mètres de hauteur et il est entièrement revêtu de marbres blanc, rouge et noir, admirablement ment jointoyés. Il est orné de 54 bas-reliefs et de 16 statues.

Sur la place de Santa Maria-Novella se trouve la pharmacie du couvent. On y prépare, avec soin, des médicaments, des essences et des parfums, et une liqueur appelée Alkermès, dont la vente est publique. Nous avons fait l'achat de quelques parfums.

Il ne faut pas oublier le fameux palais Pitti, situé au-delà de l'Arno, entre la place de Pitti et le jardin de Boboli, c'est, avec les offices, la grande curiosité artistique de Florence. Ce palais, que sa riche galerie rend célèbre dans le monde entier, est très curieux par son origine et par sa forme, aussi singulière l'une que l'autre. Ce fut un simple commerçant florentin, Luco Pitti qui, vers 1440, je crois, eût l'idée de se bâtir une habitation plus belle que le palais du gouvernement.

Éléonore de Tolède, ayant acheté ce palais de Pitti moyennant 9000 florins d'or, l'apporta, en 1540, aux Médicis qui, depuis lors, y établirent leur résidence, et la dynastie autrichienne qui les a remplacés dans le gouvernement de la Toscane, les remplaça aussi comme hôtes du palais. La façade du palais est construite, non pas en pierres de taille, ce mot serait insuffisant, mais en blocs énormes, taillés à bossage, dont plusieurs dépassent 8 mètres de longueur. C'était, dans le moyenâge, le genre de construction de Florence, la ville aux guerres intestines où chaque maison devait être une citadelle. Mais ce genre est encore exagéré dans le palais Pitti, ce qui lui donne l'air d'un édifice étrusque.

En somme, c'est la plus belle forteresse que puisse habiter un souverain de notre époque.

Galerie du palais Pitti. — Cette galerie, formée postérieurement à la galerie des Offices, contient plus de 500 tableaux et dont un très grand nombre sont des œuvres hors ligne.

Entre autres, dans la salle d'Apollon, on remarque une Sainte Famille, de Murillo ; Saint-Pierre ressuscite un mort, du Guerchin ; Une Descente de croix, de Raphaël ; Un Rembrandt, peint par lui-même ; la fameuse Vierge à la Chaise de Raphaël, etc., etc.

Entre autres monuments remarquables, nous avons visité l'hôpital de Santa-Maria Nuola qui peut recevoir 1000 maládes. C'est la grande Ecole de médecine de Florence. Les palais *Albert*, près du pont alle Grazie, *Bartoloni*, sur la place Santa-Trinita, *Fenzi*, sur la place della Signora, ce palais est attribué à Raphaël, et le fameux palais *Riccardi*, sur la Via Larga. Ce palais fut la première demeure des Médicis, il fut acquis, en 1659, par les Riccardi qui l'agrandirent. Nous avons vu aussi le Baptistère ; cet édifice octogone fut bâti avec les maté. riaux d'un ancien temple païen, je crois que ce fût au VIIe siècle. Ce qui attire principalement l'attention au Baptistère ce sont ses célèbres portes de bronze, d'André

de Pise et de Lorenzo Ghiberti. Ses portes sont couvertes de sujets très remarquables.

Entre autres : 1° La création de l'homme ; 2° Noë après
le déluge ; 3° Joseph et ses frères, etc., etc. Il y a plusieurs églises très riches et très remarquables : 1° L'é-
glise Saint-Ambrosio, tout près de la porte della Crocce ;
2° Santa-Annunziato, renfermant des fresques très remarquables d'André del Sarto. La chapelle des Médicis,
tombeau d'Orlanlo del Medici. San-Lorenzo (sur la place
de ce nom). Cette église était le monument de la grandeur et de la magnificence des Médicis (1417). Les deux
chaires sont ornées de bas-reliefs en bronze, dessinés
par Donatello et exécutés par son élève Bertoldo. Sur le
pavé, près du grand autel, est le tombeau de Côme de
Médicis. L'église Santa Maria-Novella, située sur la place
de ce nom, possède de beaux vitraux et de très jolies
fresques de Ghulandazo. Entre autres : la Naissance de
Saint-Jean-Baptiste ; le Baptême du Christ, etc.

Comme promenades principales, nous avons le jardin
de Boboli, près du palais Pitti. Du haut de ces terrasses
on a une très belle vue sur Florence. Ce jardin rappelle
beaucoup celui de Versailles.

Nous sommes allés en voiture découverte jusqu'aux
Cascines, superbe promenade située à la porte ouest de
Florence, entre la rive de l'Arno et le chemin de fer. On
y va en suivant le nouveau lung'Arno. Le nom de Cascines provient d'une ferme où sont des laiteries apparte-
nant au Grand-Duc. Cette promenade s'étend le long de
prairies couvertes de troupeaux et que dominent au loin
les montagnes ; elle consiste en bois de haute futaie, dont

les allées servent le soir de rendez-vous habituel aux équipages et aux promeneurs. C'est le bois de Boulogne de Florence.

Presque au milieu des Cascines est un petit palais qui appartient au souverain et une maison occupée par un restaurateur.

Après cinq jours passés à Florence, nous avons continué notre voyage sur Pise. Nous avons donc pris le chemin de fer le 4 septembre et nous sommes arrivés à Pise après un trajet de trois heures ; il y a de Florence à Pise 90 kilomètres ; la plaine qu'on traverse est d'un aspect très agréable. Pise est dans une plaine très fertile s'étendant aux pieds des monts Pisans, groupe de montagnes de 3.000 pieds de haut, qui se détachent des Apennins.

Elle s'étend sur les deux rives de l'Arno à 10 kilomètres de son embouchure dans la mer, elle est bien bâtie, mais déserte. Le climat en est très doux, on y envoie souvent les personnes affectées de maladies de poitrine. C'est une ville de l'Italie où il tombe le plus de pluie. Pise est entourée de murailles. Les beaux quais forment un agréable lieu de promenade, ils communiquent par trois ponts. — Notre première visite a été pour aller admirer sur la place du Dôme le groupe si curieux des quatre monuments : la Cathédrale, le Baptistère, le Campo-Santo et la Tour penchée. — Le Dôme de Pise est un monument considérable dans l'histoire de l'architecture italienne et qui servit longtemps de modèle. Les bases, les corniches et autres parties de l'édifice sont des fragments antiques rassemblés de différents côtés et employés avec une rare habileté par l'architecte. La façade a 58 colonnes et 4 galeries ouvertes. La longueur de l'église est, depuis la porte d'entrée jusqu'au mur de l'abside, de 292 pieds, la longueur de la nef transversale est de 218 pieds, la largeur est de 98 pieds, la nef du milieu a 191 pieds de hauteur. Les douze autels sont, dit-on, du dessin de Michel Ange. Les deux statues et le beau crucifix en bronze sont de Jean Bologne. Les vitraux sont du XIV⁰ et du XV⁰ siècle.

La Tour penchée, bâtie en 1174 par Bonanno de Pise et Guillaume d Insbruck, est de forme cylindrique et a 8 étages de colonnades superposées au nombre de 107 colonnes. Sa hauteur est de 54 mètres, elle a 16 mètres de diamètre. Son inclinaison est, à l'extérieur, de 4 mètres ; on attribue cette inclinaison à ce que le sol aura cédé sous le poids de cette tour, lorsqu'elle était déjà élevée à la moitié de sa hauteur et que les architectes en continuèrent la construction. Le clocher renferme 7 grandes cloches qui, sonnées tous les jours, en confirment la solidité. De la plate-forme où l'on monte par 330 degrés, on a une très belle vue sur la chaîne des Apennins, sur une ligne de mer étendue. Nous avons visité ensuite le Baptistère qui date de 1153 ; il est en marbre ainsi que le Dôme et le Campanile. Sa hauteur est de 55 mètres jusqu'au sommet de la coupole. On y voit la statue en bronze de Saint-Jean-Baptiste. La chaire de Nicolas de Pise (1260) est un des monuments les plus importants de l'art au moyen âge ; elle est portée par 7 colonnes, posant sur des lions et autres figures.

Le Campo-Santo, ce célèbre monument du génie de

Jean de Pise, architecte et sculpteur, est un cimetière que les Pisans voulurent consacrer à leurs grands hommes. Ils y mirent de la terre qu'ils avaient apportée de Jérusalem.

Cette construction fut commencée en l'année 1278. Le Campo-Santo forme un vaste rectangle de 450 pieds de long sur 140 de large. L'intérieur présente une cour environnée de portiques avec une soixantaine d'arcades à jour.

Le Campo-Santo renferme aussi de superbes fresques très intéressantes pour l'histoire de la peinture et que tiennent en grande vénération aujourd'hui tous ceux qui aiment les arts. Nous avons vu également la fameuse université de Pise qui date de 1493 et qui jouit à cette époque d'une grande célébrité.

Le 5 septembre, nous quittons Pise pour nous rendre à Livourne par le chemin de fer (trajet en 40 minutes). En arrivant à Livourne, on traverse une forêt de lièges ou de chênes verts, dans laquelle on voit par intervalles des fourrés très épais, de grands myrtes domestiques qui servent de retraite aux bêtes fauves réservées pour les plaisirs du Grand-Duc.

Livourne est un port franc, un grand entrepôt de commerce entre l'Italie, l'Europe occidentale et le Levant, et un point de relâche pour les paquebots, entre Marseille et les côtes d'Italie.

Les rues sont droites et bien pavées. En somme, rien de bien curieux que le port qui a environ 600 mètres de long sur 400 de large.

Le même jour nous quittâmes Livourne pour nous

rendre à Rome par le chemin de fer, en passant par Civita-Vecchia qui est un point de relâche de la navigation à vapeur, entre Marseille, Naples et le Levant; c'est par cette petite ville que passent la majeure partie des voyageurs qui se rendent dans le midi de l'Italie.

Nous voilà au 6 septembre, nous arrivons à Rome, la Ville Éternelle qui a été la capitale du monde. A son entrée dans Rome, l'on doit être prémuni contre la surprise défavorable des premières émotions. A mesure que l'on s'enfonce dans les rues étroites et mal tenues de cette ville aux glorieux souvenirs, on est péniblement affecté par l'aspect triste et souvent sordide de tout ce qui s'offre à nos regards.

Mais ces impressions s'effaceront rapidement dès que nous visiterons ces églises, ces palais, ces restes antiques, ces musées splendides, où nous attendent tant de merveilles.

— A notre arrivée dans Rome, nous sommes descendus à l'hôtel de Minerve, magnifique hôtel situé sur la place de ce nom; et fréquenté par les Français.

TOPOGRAPHIE. — Rome est la capitale des Etats de l'Église, elle est située à quelques lieues de la mer, au milieu d'un plaine ondulée, s'étendant aux pieds des montagnes apennines de la Sabine. — Elle est inégalement divisée en deux partie par le Tibre, sur la rive droite sont les monts du Vatican et Janicule, sur la gauche sont le Pincio, le Quirinal et l'Esquilin.

ASPECT DE ROME. — Quelle émotion profonde on éprouve en entrant dans cette ville : la ville la plus illustre du monde où tous les peuples ont passé, où toutes les gloires sont venues, où toutes les imaginations cultivées ont fait, au moins de loin, un pèlerinage.

Cette ville des grands souvenirs demande, pour être comprise, un esprit non seulement préparé par des études, mais avant tout disposé à la contemplation des choses de l'art et du passé.

La ville moderne s'est rapprochée du Tibre et n'occupe que le tiers de l'enceinte antique. Les parties les plus habitées aujourd'hui, sont l'ancien Champ-de-Mars, l'espace compris entre le Pincius, le Quirinal, le mont Capitolin et le Tibre. On ne trouve sur les autres monts que de rares habitations, des jardins et des vignes. Au delà du Tibre l'étendue de la ville est peu considérable, ainsi que la population occupant la base du Janicule et l'espace compris entre la mausolée d'Adrien et le Vatican; c'est là le fameux quartier de Trastevere « au delà du Tibre » dans lequel on s'est plu à retrouver les descendants non mélangés des anciens Romains.

On a singulièrement exagéré la rudesse sauvage des traits et du caractère des Trasteverini.

Les rues de Rome sont, en général, étroites, quelques-unes cependant sont grandes et régulières et ornées de somptueux édifices. — Les trois rues du Corso, du Babouin et Ripetta, qui de la place du Peuple pénètrent dans la ville en divergeant, sont d'une belle perspective. Les rues qui forment le carrefour des quatre fontaines, et près du Tibre, la rue Giulia et celle de la Lonyara (en Trastevere) doivent être citées également parmi les plus belles.

Escursions dans Rome. — On compte à Rome jusqu'à 150 places; parmi les plus remarquables nous avons visité la place Barberini qui prend son nom du palais Barberini. Au milieu se trouve la fontaine del Tritoni, formée de quatre dauphins soutenant une conque, où siège un triton tenant à la bouche une coquille par laquelle il lance de l'eau.

La place du Capitole est au pied de l'escalier qui monte à cette magnifique place, il y a deux lionnes en basalte d'Égypte placées par Pie IV. A droite et à gauche de la rampe sont les statues colossales de Castor et Pollux. Viennent ensuite les statues de Constantin et de son fils, provenant des thermes de Constantin, puis enfin la colonne milliaire de Vespasien et de Néron. Au milieu de la place est la statue équestre en bronze de Marc-Aurèle. Trois bâtiments séparés entourent la place du Capitole, au fond le palais du sénateur, à droite le palais des conservateurs, à gauche le musée du Capitole qui fut commencé par Clément XII, et enrichi successivement par Benoît XIV, Clément XIII, Pie VI, Pie VII et Léon XII.

Nous avons ensuite la place Colonna, située au centre et ouverte sur le Corso, au milieu est la colonne érigée par le Sénat et le peuple romain à Marc-Aurèle. Sur les quatre côtés de la place sont les palais Chigi et Piombino, sur la rue du Cours Bracadero vis-à-vis de Chigi et de la Gran Genardia. C'est là qu'était établi le cercle des officiers français, le télégraphe, la police française.

La place d'Espagne, le rendez-vous ordinaire des étrangers.

La place Navone, une des plus grandes et des plus

belles de Rome. Cette place a un obélisque, des statues colosales, des fontaines. Une de ces fontaines est formée d'un bassin en marbre de 73 pieds de diamètre, au milieu est un rocher de 60 palmes de haut percé à jour de quatre côtés de manière à former une sorte de caverne et portant un obélisque.

N'oublions pas la place du Peuple. Cette place est décorée au centre d'un obélisque aux quatre anglesduquel sont des lions versant de l'eau dans des vases. L'obélisque est le centre où convergent trois grandes rues : à gauche le Via del Babuino, allant à ia place d'Espagne et au Quirinal ; au milieu le Corso s'ouvrant entre les églises de Santa Maria de Monte Santo et Santa Maria del Miracoli, et allant au Capitole; à droite ia Via di Repetto allant au port de ce nom et menant dans le cœur de Rome. Enfin, à côté de la porte est l'église Santa Maria del Popolo.

Puis la fameuse et immortelle place Saint-Pierre qui est enveloppée sur les côtés par une colonnade colossale d'un ordre se rapprochant du dorique ,formée par quatre rangs de colonnes; elles forment trois allées, celle du milieu est assez large pour que deux voitures y passent de front. Ces portiques, portés par 280 colonnes ont 61 pieds de hauteur et sont couronnées par une balustrade et par des statues colossales de 11 pieds de hauteur. — La plece a 750 pieds sur 600. Elle communique avec la basilique au moyen d'une autre place plus petite. Cette petite place est flanquée de galeries à pilastres également surmontées de statues. On compte en tout 200 statues de saints.

Au centre de la place se dresse un obélisque et à ses deux côtés sont deux belles fontaines d'un style simple et harmonieux, lançant une gerbe d'eau haute de vingt pieds.

Visite a la Basilique de Saint-Pierre. — La Basilique de Saint-Pierre est la grande magnificence de Rome et est par la hardiesse de la conception, par son ensemble grandiose, par son imposante magnificence, un des premiers édifices du monde; c'est une des grandes émotions, un des grands souvenirs dans la vie que de l'avoir vu.

Façade de la Basilique de Saint-Pierre. — Cette immense façade n'a pas moins de 370 pieds de largeur et 149 de hauteur. Les huit colonnes corinthiennes qui, vues de l'obélisque, paraissent si petites, ont 80 pieds d'élévation et 8 pieds 5 pouces de diamètre. On entre par cinq portes dans un magnifique portique de 47 pieds de largeur et de 440 pieds de longueur, y compris les vestibules des extrémités, et l'on voit les statues équestres de Constantin-le-Grand et de Charlemagne.

La coupole a environ 130 pieds de diamètre; la hauteur, jusqu'à l'œil de la lanterne est de 150 pieds. Au-dessus est la lanterne, hauteur 53 pieds le piédestal de la boule, 29 pieds; la boule 7 pieds 1 2, et la croix 15; hauteur totale 426 pieds. — Nous avons vu dans l'Eglise Saint-Pierre : La Chapelle du Saint-Sacrement, magnifique Chapelle fermée par une grille. Sur l'autel est un riche tabernacle, dessiné par le Bernin. Le tableau de l'autel, la Trinité, a été peint à fresque, par P. de Cortone. Sur l'autel à droite, une descente de Croix en mosaïque, d'après Michel-Ange, de Caravage. Devant cet autel, le tombeau en bronze de Sixte IV, ouvrage admirable d'Antoine Pollajuolo. Puis nous avons vu également la Chapelle de la Vierge. L'autel est très riche en pierres précieuses ; à droite, le tombeau de Grégoire XVI.

Comme Églises principales, citons : 1· Sain-Jean-de-Latran. — Lorsqu'on pénètre à l'intérieur, on est d'abord frappé de la magnificence et de la majesté de la grande nef, c'est à Saint-Jean-de-Latran que se trouve le Saint-Escalier formé de 28 marches de marbre blanc, que la tradition de l'Églis donne comme ayant appartenu au palais de Pilate à Jérusalem. Les dévots ne le montent qu'à genoux, on descend ensuite par un des escaliers latéraux.

2º Sainte-Marie-Majeur ; l'intérieur de cette église est d'un effet grandiose et monumental, il est composé de trois nefs, divisées par quarante-quatre colonnes en marbre blanc veiné.

3º Santa-Maria del Popolo (à côté de la porte du Peuple) ; cette église est par les sculptures et les peintures une des plus intéressantes de Rome.

4º Santa-Maria en Trastevere est une des plus majestueuses basiliques de Rome.

Nous avons également visité le Vatican. Le Capitole de la Rome moderne, est moins un palais qu'une réunion de palais, d'édifices irréguliers auxquels travaillèrent les plus célèbres architectes. Il est à trois étages renferme une infinité de chambres, de galeries, de chapelles, de corridors, une bibliothèque, un musée, un jardin, on y compte vingt cours, huit grands escaliers et deux cents escaliers de service. Le Vatican contient treize mille chambres en y comprenant les souterrains.

Ce qui manque à ce vaste ensemble de bâtiments, c'est une façade extérieure. Du côté par où on l'aborde, il est masqué par la colonnade de la place Saint-Pierre.

Nous avons la fameuse chapelle Sixtine. C'est là que depuis trois siècles on va admirer les fresques grandioses de Michel-Ange : « Le jugement dernier. » — Les Loges de Raphaël, peinture représentant les principaux faits de l'Ancien et du Nouveau Testament. Elles occupent les voûtes de treize arcades. — Le tableau de la Transfiguration, proclamé, le chef-d'œuvre de Raphaël et de la peinture.

Au Musée de l'Académie de Saint-Luc se trouve le fameux tableau du Guide, la Fortune, dont nous avons une copie.

Palais de Rome. — La magnificence de ces palais réside principalement dans leur architecture et dans les collections artistiques que quelques-unes contiennent.

Comme palais remarquables, nous avons d'abord ; le palais Borghèse un des plus beaux de Rome ; le palais Bonaparte au coin du Corso et la place de Venise, où est morte Letizia, mère de Napoléon. — Le palais de Braghi à l'angle de la place de Pasquino, près de la place Navone.

Grand et bel escalier décoré de statues antiques et de seize colonnes de granit rouge. C'est dans ce palais qu'habitait le général de Polhès chez qui nous avons été très bien accueilli.

Le palais Farnèse, sur la place du même nom, l'un des plus grands palais de Rome, le plus beau de l'architecture moderne. Il appartient au roi de Naples, héritier de Farnèse. La grande galerie de soixante pieds de long, contient l'œuvre capitale d'Annibal Carrache.

Comme villa nous avons vu de remarquables, la villa Borghèse, située en dehors de la porte du Peuple on y voit un beau parc d'environ quatre milles de tour. Il est célèbre par ses beaux ombrages et ses promenades ; on y voit la fameuse statue de Pauline, sœur de Napoléon, représentée sous la figure de Vénus nue par Canova. Cette villa possède également beaucoup de sculptures antiques remarquables.

La villa Médicis, bâtie en 1540, par le cadinal Ricci, qui la céda bientôt après au cardinal de Médicis, cette magnifique viila est aujourd'hui complètement abandonnée elle a été acquise par la France afin d'y établir les artistes qu'elle entretient à Rome pour achever leurs études, et prendra le nom d'Académie de France.

La villa Pamfili Doria à quelques mètres au delà de la porte San-Pancrazio. C'est le plus beau lieu de promenade et la plus grande des villas dans le voisinage de Rome, avec de beaux jardins publics, rafraichis par des bassins et des cascades, il y a une très belle vue sur les environs de Rome. La villa Pamfili appartient aujourd'hui aux Doria.

En 1849, cette position élevée fut le quartier général de Garibaldi, et ensuite celui du général français.

Nos excursions aux environs de Rome. — Nous sommes partis de l'hôtel de la Minerve pour nous rendre à Albano qui se trouve à une heure de Rome. Albano est un joli petit pays renommé par sa salubrité, sa belle situa-

tion, qui en fait un lieu de villégiature pendant la belle
saison, cette petite ville est aussi renommée par la
beauté des femmes aux traits réguliers et purs comme
des madones.

On y voit quelques restes remarquables d'antiquités ;
amphithéâtre de Domitien, situé entre l'église de San-
Paolo et les Capucins,

Nous avons visité aussi Frascati, jolie petite ville
située sur une des basses éminences des monts Albains.
Ce point des environs de Rome est renommé pour sa salubrité, pour le nombre et la beauté de ses villas qui
datent en partie du XVIe siècle.

Castel Gandolfo se trouve dans une situation pittoresque et salubre, qui domine le lac Albano.

C'est là qu'est la seule maison de campagne des papes ;
ils ne l'habitent que trois ou quatre semaines chaque
année. — Nous nous sommes trouvés à l'époque ou
Pie IX y était et nous avons entendu une messe basse,
qu'il a dite dans la petite église de l'Assomption.

Nous sommes au 14 septembre, avant de quitter Rome
pour nous rendre à Naples, je ne dois pas oublier la visite que mon père a faite à Monseigneur de Mérode, mi-
nistre des armes, et chez qui il a reçu un accueil des
plus bienveillant. — Nous voilà donc partis par le chemin de fer pour Naples, qui se trouve à 260 kilomètres
de Rome.

Naples est la capitale du royaume des Deux-Siciles et
du royaume de Naples. Nous sommes descendus à l'hôtel
d'Angleterre, sur la rivière di Chiaja, la promenade favorite des Napolitains. Cette promenade, plantée d'arbres,

s'étend le long du rivage et est célèbre par l'admirable vue qu'elle offre sur la mer et le golfe. Naples est dans une situation délicieuse, à laquelle on ne peut comparer peut-être que celle de Constantinople. Cette situation est si belle qu'elle a inspiré ces paroles enthousiastes: *Voir Naples et mourir.*

Elle est disposée en amphithéâtre sur des collines bordant la mer, au milieu d'un panorama varié dont on ne se lasse jamais. A l'Orient s'élève le Vésuve, la vue embrasse le golfe, la mer azurée et ses îles aux reliefs pittoresques. Le long de la côte, à partir de la ville s'étendent de nombreux villages, Portici, Resina, la Nunziata, d'un autre côté est la colline de Pausilippe. Au delà de la grotte de Pausilippe, on trouve Pouzzoles, le cap Misène. Au Nord du lac d'Agnano est le sommet couronné par le couvent des Camaldules d'où on a une si admirable vue.

Un des caractères propres à Naples, c'est le mouvement, la vie qui y règnent, l'animation de sa population gesticulatrice et criarde, naturellement gaie et portée à la bouffonnerie. Un climat heureux et une riante nature, ainsi que la vie en plein air, doivent contribuer à entretenir cette joyeuse humeur, surtout dans la basse classe.

Les femmes du peuple napolitain, à qui l'on a voulu, à tort, faire une réputation de laideur, ont en général, outre l'expression animée de la physionomie et la vivacité du regard, de belles chevelures noires dont elles semblent prendre grand soin. A certaines heures, on peut les voir, dans certaines rues, devant leurs portes, se coiffant les unes les autres avec recherche, et on a peine à comprendre comment, avec des soins assidus, d'odieux insectes les obligent à un nettoyage préliminaire, dont la touchante mutualité atteste du moins de bons rapports de parenté ou de voisinage, si elle confirme le reproche de malpropreté qu'on leur adresse. L'étranger est tellement couru à Naples, qu'à notre arrivée nous avons été importunés par une nuée d'officieux : l'un voulait nous vendre quelque babiole, l'autre cirer nos bottes, tous veulent nous indiquer notre chemin, nous conduire aux monuments publics, les cochers de calèches se dirigeaient diagonalement sur nous, pour mieux nous faire sentir l'inconvénient d'aller à pied.

Monuments remarquables de Naples. — La cathédrale de Saint-Janvier, donnant dans la rue del Tribunal ; cette église, une des plus belles de Naples, fut bâtie sur l'emplacement de deux temples dédiés l'un à Apollon et l'autre à Neptune.

La voûte est ornée de peintures. On voit au-dessus de la porte principale les tombeaux de Charles Ier d'Anjou, de Charles-Martel, roi de Hongrie, et de Clémence, sa femme. Les fonts baptismaux sont formés d'un vase antique en basalte d'Egypte, supporté par un pied de porphyre orné d'attributs de Bacchus. Le corps de saint Janvier repose sous le maître-autel, où il y a une magnifique Vierge du Dominiquin.

Dans une petite chapelle à droite se trouve le trésor de Saint-Janvier. La basilique Santa-Restituta, réunie à la cathédrale, en forme comme une grande chapelle.

La chapelle de Saint-Janvier est d'une grande richesse de décoration ; l'on y voit plusieurs peintures du Dominiquin, ainsi que plusieurs fresques de lui. C'est dans cette chapelle que s'opère trois fois par an, aux mois de mai, septembre et décembre, le miracle de la liquéfaction du sang de saint Janvier, et il se renouvelle pendant huit jours.

L'église Santa-Chiara, remarquable par ses tombes royales, entre autres celle du roi Robert, ainsi que cinq autres monuments de membres de la maison d'Anjou.

Nous avons aussi l'église San-Domenico, San-Filippo. Cette église est une des plus belles de Naples. La nef du milieu a douze colonnes de granit. Sa façade est de marbre. — Santa-Maria della Pietra, San-Martino, située au haut de la colline San-Elmo, au-dessus du château Saint-Elme. Sa situation, dominant Naples et la rade, est célèbre par les beaux points de vue qu'elle présente.

N'oublions pas le Musée très remarquable renfermant de précieuses collections : 1· Peintures murales et mosaïques antiques ; 2· Ouvrages antiques en marbre ; 3· Antiquités égyptiennes et étrusques ; 4· Statues en bronze antique, bijoux, monnaies, médailles, vases. Dans la galerie de tableaux : on y voit l'hercule et le taureau Farnèse, un fragment de Laocoon, etc., etc.

Nous avons le Palais-Royal, magnifique palais. La longueur de sa façade est de 520 palmes napolitaines et sa hauteur de 110. A droite du palais se trouve le théâtre San-Carlo, à gauche l'Arsenal d'artillerie.

La villa Régina Isabella, ainsi appelée du nom de la reine mère, à qui le duc de Gallo (avec qui nous avons fait le voyage de Rome à Naples), la céda en 1831. Cette villa, aujourd'hui au comte del Balzo, la plus vaste et la mieux située de Naples, est sur la partie occidentale de la colline de Capodimonte. On y jouit d'une très belle vue.

EXCURSIONS AUX ENVIRONS DE NAPLES. — Les environs de Naples offrent une suite d'enchantements, par la singularité grandiose des phénomènes naturels, la beauté des aspects, la merveilleuse curiosité des ruines et la magie des souvenirs antiques.

Nous sommes allés au Couvent des Camaldules, situé à l'extrémité orientale la plus élevée de la chaîne de collines entourant au Nord les champs Phlégréms. De la belle terrasse plantée de lauriers, on a une vue étendue sur le golfe de Naples.

LE VÉSUVE. L'ascencion des pentes de cendre, présentant une inclinaison de 50°, est excessivement fatiguante parce que la cendre cède sous les pieds. L'ascencion du cône demande environ 3 4 d'heure. Au haut du vésuve on jouit du splendide spectacle du golfe et du vaste horizon étincelant des dernières clartés du jour, lorsqu'on s'y trouve au coucher du soleil. Le vésuve a une hauteur de 1200 mètres.

Nous avons visité Herculanum, tout près de Naples. Herculanum et Pompeï sont les deux villes englouties par l'éruption de l'an 79.

Herculanum fut ensevelie sous une masse de cendres embrasées, qui ont calciné les objets. Les fouilles continuent toujours ; le premier, monumentet le plus grand qu'on ait découvert, c'est le théâtre, il pouvait contenir 8,000 spectateurs. Pompée est la plus grande curiosité de l'Italie, je pourrais dire du monde. On s'y trouve au milieu du monde antique. Une ville tout entière est là sous nos regards, conservée telle que l'ont laissée ceux qui l'habitaient il y a 1800 ans. L'on peut errer dans ses rues, visiter ses temples, ses théâtres, ses édifices; pénétrer dans les pièces les plus reculées des maisons particulières, voir sur les murailles les comptes des cabaretiers, les inscriptions et les caricatures crayonnées par les passants, et sur le pavé la trace du dernier char qui l'a traversée.

L'illusion est si vive, si présente, qu'on oublie involontairement les dix-huit siècles qui vous séparent de cette population disparue, et l'on s'imaginerait volontiers qu'il faut se hâter de profiter de la solitude momentanée de la citée, et que les habitants vont y revenir. Le tiers de la ville à peine est aujourd'hui découvert: on calcule que s'il a fallu 106 ans pour obtenir ce résultat, il faudrait encore quatre siècles pour la déblayer complètement.

Nous avons remarqué dans Pompeï la villa de Diomède, une des plus vastes habitations qui offre un rare exemple d'une maison à trois étages. On arrive à la porte d'entrée par 7 marches flanquées de deux colonnes et on entre dans un péristyle, sorte de cloître soutenu par quatorze colonnes, revêtues de stuc; on y a trouvé des anneaux qui probablement soutenaient les rideaux des bijoux ayant appartenu principalement à des femmes. Deux squelettes d'enfants avaient encore des restes de blonde chevelure.

Une boulangerie contenant trois moulins et un quatrième plus petit, le four, etc, Quand on découvrit cette boutique, le blé, la farine dans les amphores, les vases pour l'eau... tout était encore en place ; il n'y avait qu'à allumer le feu et chauffer le four, pour reprendre la fabrication interrompue depuis dix-huit siècles.

Avant de quitter Naples, j'oubliai la fameuse rue de Tolède qui a près d'une demi-lieue de long ; elle est éclairée au gaz. Elle divise Naples en deux parties, si l'on y comprend la strada Nuovo di Capo de Monte, qui, au-delà du musée Borbonico, en est la continuation. Elle sert de corso à l'époque du carnaval. C'est dans cette magnifique rue que se trouvent les plus beaux cafés, celui de l'Europe, connu et renommé par ses bonnes glaces que l'on vous vend 15 centimes. J'oubliai également notre excursion à la grotte de Pausilippe. Pausilippe est un promontoire s'avançant dans la mer entre les golfes de Naples et de Pouzzoles. Nous avons eu là nne admirable vue sur des lieux illustrés par les deux plus grands chantres de l'antiquité, Homère et Virgile. Toutes les gloires du monde romain ont passé par ici. Sur la hauteur, au bord de la route, un magnifique tunnel dont l'entrée est du côté de l'île de Nisita. Ce tunnel dépasse en longueur la grotte de Pausilippe de 594 palmes et est plus haut et plus large.

Nous avons visité la fameuse grotte de Pausilippe. C'est un tunnel creusé dans le tuf volcanique pour faciliter les communications entre Naples et Pouzzoles. Il est long de 2.606 palmes, large de 24, haut de 90 à ses extrémités, mais beaucoup plus bas à l'intérieur. Il est éclairé par des reverbères qui brûlent jour et nuit. Nous avons visité l'Amphithéâtre, monument remarquable par sa grandeur et la solidité de sa construction. On estime qu'il pouvait contenir 30,000 spectateurs.

Pouzzoles contient des colonnes corinthiennes antiques. Sur la route de Pouzzoles à Baïa nous avons vu le Temple de Serapis, c'est un monument carré de 130 pieds sur 115, formant un portique de 48 colonnes, ayant chacune une statue en avant. Autour du temple étaient distribuées des chambres sans communication servant de bains pour les malades, alimentées par des eaux minérales chaudes et froides, dont nous avons vu les sources. La villa de Cicéron, dont il ne reste plus que quelques massifs en partie submergés. Nous avons vu aussi les étuves de Néron au bord de la route. On y pénètre par un passage obscur et étroit, conduisant aux sources qui sortent de puits profonds à la température de 55°.

Avant de quitter Naples, quelques lignes encore sur son aspect. Quelles rues on traverse! hautes, étroites, sales, bordées à tous les étages de balcons qui surplombent, une fourmilière de petites boutiques, d'échoppes en plein vent, d'hommes et de femmes qui achètent, vendent et bavardent, gesticulent, se coudoient, la plupart rabougris et laids, les femmes surtout petites et camardes, le teint jaune et les yeux brillants, malpropres et fripées, avec des châles à ramages et des fichus violets, rouges, orangés, toujours de couleur voyante et des bijoux de cuivre. Des quantités de moines trottent dans la boue avec des sandales ou des souliers sans bas ; plusieurs ont une tête narquoise et bouffonne, ils pataugent dans leur vieux froc râpé et marchent des épaules, avec une allure de cocher. Je me rappelle en avoir vu un accoudé à un balcon, charnu, pansu, joufffu, gros frocard avisé, comme en a peint Rabelais, bien étalé dans son importance et sa graisse, tel qu'un porc curieux et défiant qui regarde.

Nous sommes au 22 septembre. Nous quittons Naples pour retourner à Livourne par le bateau à vapeur italien « trajet en 24 heures ». Nous ne restons que quelques heures à Livourne, pour reprendre le chemin de fer pour la Spezzia, où nous arrivons le 24. Nous sommes descendus à l'hôtel de la Croix de Malte.

La Spezzia est une petite ville fort commerçante. Son port est vanté comme un des plus vastes et des plus sûrs que la nature ait formés ; je puis dire que c'est plutôt un assemblage de plusieurs ports capables de contenir les flottes les plus considérables. Le territoire de la Spezzia est un beau vallon entouré de collines couvertes d'oliviers.

Le 25, nous quittons la Spezzia par la diligence pour nous rendre à Gênes, en passant par les villes de Borgetto, dans les terres ; Sestri de Lavante, sur un promontoire, au pied de collines boisées. A Chinvari, où nous avons déjeuné, toutes les rues sont bordées de portiques ; Reces, très agréablement située au fond d'un golfe. A notre arrivée à Gênes, nous sommes descendus à l'hôtel de la Ville, occupant quatre maisons de suite, en façade sur le quai.

C'est surtout quand on y arrive par mer qu'on est frappé de l'admirable aspect de Gênes, de son port animé et couvert de navires, de ses édifices disposés en hémicycle comme les gradins d'un vaste amphithéâtre : de

hautes collines formant derrière elle une ceinture ver-
doyante parsemée de maisons diversement et parfois
assez bizarrement coloriées.

Gènes est entourée d'une double ligne de murailles,
dont l'une, s'étendant sur les collines et le bord de la
mer, a 19,560 mètres de longueur, « 12,650 sur terre et
6,910 sur la mer ».

Ce qui m'a frappé le plus, c'est la réunion des palais
qui bordent le rue Neuve. Il y a encore de très belles
rues, telles que la rue Balbi Nuovissima. A Gênes, la
physionomie italienne est très marquée, mais les parti-
cularités du caractère national tendent à s'effacer ; et
dans le costume, l'ample voile blanc, dont les femmes
s'enveloppent la tète et les épaules et qui leur sied si
bien, n'est plus en usage que parmi les femmes du peuple. Dans la classe aisée, quelques femmes le portent
encore pour aller les dimanches à la messe.

Nous avons visité la promenade de l'aquazola, d'où
l'œil embrasse une échancrure de la mer, les montagnes,
les vallées, toute une campagne riante, embaumée et
couverte de fleurs ; des maisons blanches, vertes et rouges,
à balcons, à jalousies et à façades peintes à fresques.
C'est dans ce cadre, parmi les arbustes, les plantes
odorantes et le long des allées ombreuses que les femmes
de Gênes se montrent, par les soirs d'été, dans une toilette vraiment fantastique. Sous ce voile, la femme
gènoise, naturellement belle, paraît plus belle encore.
N'étant resté que quelques heures à Gênes, je ne puis
faire d'autres descriptions.

Le 26 septembre, nous reprenons le chemin de fer

pour nous rendre à Turin, trajet qui s'est effectué en quatre heures. Nous nous sommes arrêtés à Alexandrie à moitié chemin pour déjeuner. En deçà d'Alexandrie se trouve une petite ville du nom d'Asti ; son territoire produit des vins rouges et blancs mousseux estimés. La soie et les vins sont les principaux objets de son commerce. A notre arrivée à Turin, nous sommes descendus à l'hôtel Feder.

Turin est la capitale du Piémont et une des villes les plus considérables d'Italie. Elle est située au milieu d'une plaine fertile arrosée par le Pô. Les rues, se coupant presque toutes à angle droit, contribuent par cette régularité à donner à la ville un aspect monotone. Le pavage est uniformement composé de larges dalles et de cailloux.

Nous avons visité la principale place de Turin, la place du Château qui a une longueur de 225 mètres sur 166 mètres de large ; elle est située dans le plus beau quartier de Turin.

Nous avons également visité la Cathédrale, située près du palais du roi. L'intérieur n'a rien de bien frappant. Le maître-autel est en marbre précieux, on y voit deux belles statues de marbre, Sainte-Thérèse et Sainte-Christine.

Le Palais du roi n'a rien de remarquable au dehors, c'est un grand édifice simplement. Les appartements en sont vastes et richement décorés.

La statue située en face du grand escalier représente Victor-Amédée Ier.

Comme promenade, j'ai remarqué le jardin public, sorte

de boulevards situés sur les hauteurs des anciens bastions. On y a établi un beau café en forme de rotonde, on y vient le soir, dans la belle saison, prendre des rafraîchissements et entendre de la musique.

En hiver, la promenade favorite est depuis la place du Château, sous les portiques de la rue du Pô, jusqu'au pont.

Le 27 septembre, avant dernier jour de notre rentrée à Paris. Nous quittons Turin pour nous rendre directement à Paris par le Mont-Cenis. Nous nous arrêtons à Suse, située à la jonction des routes du Mont-Genèvre et du Mont-Cenis, pour prendre la diligence qui doit nous faire traverser le Mont-Cenis.

Passage du Mont-Cenis. — Nous sommes partis de Suze à quatre heures de l'après-midi, par la diligence attelée de 12 mulets. Cette route, aujourd'hui une des plus sures des Alpes et la plus facilement praticable pendant l'hiver, est due à Napoléon; elle fût commencée en 1803 et terminée en 1810. Le passage du Mont-Cenis est le plus fréquenté des Alpes et aussi le moins intéressant au point de vue pittoresque. La montée du côté de l'Italie qui dure sept heures, est longue et ennuyeuse.

Il est onze heures du soir, nous arrivons à l'hospice situé à 1900 mètres au-dessus du niveau de la mer. Nous nous y arrêtons quelques instants pour prendre du lait chaud, car nous étions complètement gelés, après être partis de Suze par une chaleur de 18°.

Cet hospice reçoit les voyageurs pauvres, ils peuvent y coucher et y prendre leurs repas gratuitement. Le couvent contient quelques petites chambres à coucher pour les voyageurs.

Après quelques instants de repos et après nous être bien réchauffés, nous remontons en voiture, pour opérer la descente, et nous arrivons le lendemain matin, 28 septembre, à Saint-Michel pour prendre le chemin de fer jusqu'à Macon et de là à Paris, après avoir traversés la magnifique vallée de la Savoie.

Saint-Michel se trouve dans une situation pittoresque. C'est là, qu'est provisoirement le terminus du chemin de fer.

Nous nous arrêtons à Culoz pour déjeuner, et nous rentrons à Paris « en passant par Mâcon » ; nous sommes arrivés le 29 septembre, à quatre heures du matin, heureux et conservant le souvenir d'un des plus beaux voyages que l'on puisse faire en Europe.

J. C.

Paris, le 25 décembre, 1865.

IMPRIMERIE

PAIRAULT & Cie

3, passage Nollet, 3

PARIS